I0151767

Goces del Alma

Poesía

Any Sanz

Del Alma Editores

Goces del Alma
Autor: Any Sanz
Prólogo: Gustavo Adolfo Rojas
Diseño de portada: Julia Grover FOTOGRAFÍA
Email: juliagogrover@hotmail.com
https://www.facebook.com/JuliaGroverFOTOGRAFIA
© 2015 Del Alma Editores
Todos los Derechos Reservados.
Prohibida la reproducción total o parcial de esta obra
por cualquier medio sin previo permiso escrito
por parte del autor.
ISBN: 978-987-29888-9-0

Con profundo amor agradezco al Dios piadoso por este don

A mis padres: Pilar Telesfora Sánchez y Armando Dionisio Sánchez por darme la vida y trabajar duro para que nada nos faltara

A mis hijos: Raúl Fernando Lara Sánchez, Adrián Gabriel Lara Sánchez, Franco Emanuel Lara Sánchez, Milagro María Belén Lara Sánchez

A mi esposo: Raúl Lara

A mi nieta Jazmín Valentina Lara

A mis hermanos y en especial a Fernando Armando Sánchez

y a los amigos que hicieron brillar su luz alumbrando mi camino y abrazando mi alma para que pueda realizar mi sueño

Agradezco a SATSAID

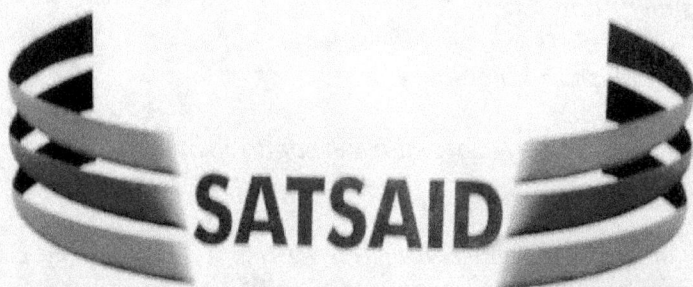

SATSAID

Sindicato Argentino de Televisión
Servicios Audiovisuales, Interactivos y de Datos

Prólogo

Any Sanz ha desplegado sus alas

Ha comenzado su vuelo romántico

Entregando su alma en cada poesía.

A través de esta obra nos convoca

A seguir ese vuelo de pasiones encontradas.

De amores, dolores y distancias.

Sus versos anudan la garganta

Corren como el río por la sangre las musas

La bullen, hasta convertir el pensamiento…

Any se descubre entre los secretos

De ese universo donde todos compartimos

La existencia del sentimiento más profundo.

Ella nos incluye en ese universo de amor

En cada palabra.

Lleva sus experiencias, sus miedos, sus verdades,

Su pensamiento hacia el rincón donde ven la luz

Este puñado de poemas sutiles y apasionados

Impregnados de amor y latidos irreverentes

De adolescencia…

Espera… estoy seguro

Que al leerlos tengan esa certeza

Que han vivido un poco en estas palabras

Que repiten historias de amor desde una mirada ajena

Pero a la vez cercana al corazón de todos.

Las pasiones del alma

Están esparcidas entre las páginas de este libro.

Ustedes lectores espero que encuentren su historia, su sueño

Y vivan un momento de bella lectura y sentimiento.

Gustavo Adolfo Rojas.

Te nombro

Te nombro desde adentro
donde el silencio grita
por los rincones
donde el dolor es un puñal frío de acero
cortando las venas de la tristeza
Te nombro desde este crudo invierno
que no tengo el abrigo de tus brazos
Te nombro desde que sale el sol
hasta su puesta de anaranjados atardeceres
que me hacen nombrarte más y más
desde la tortura perdida de la ausencia
¡te nombro… pero no contestas!

Tu recuerdo me ata

Atado a tu recuerdo
en esta cama fría
vacía
sin tu cuerpo
sin tu calor
este invierno
me ha deshojado
como las hojas
sueltas de mis poemas
que están como sábanas
tristes
sin tu mirada y la mía
una maleta donde guardo
tus besos por miedo
que se vuelen
como golondrinas
perdidas
y me dejen
más solitario en esta vida.

Encuentro

Camino las calles húmedas
me invaden los recuerdos
siento tu perfume en el aire
Tu mirada me lleva
donde encuentro tu sonrisa
y tu boca me da mil besos
tu mano se aferra a la mía
celosa me cuida
y tu pecho
ay… tu pecho
el refugio más cálido y tierno
donde reposa mi alma
feliz del amor eterno.

Almas gemelas

¿Qué sutil encanto me llevó a vos?

Tus manos como bellas mariposas

me toman, se posan suaves encantadoras

tu voz, tu dulce voz

me atrapó, me cautivó

todos los sentidos

¡qué poder divino!

¿cómo pasó?

Dime que no comprendo

esto tan sublime

que atrapa mi alma

que me lleva a vos

Como una brisa suave acaricias mi cara

adonde me perdí

con tu mirada

donde me encuentro

¡almas gemelas en un mismo cuerpo!

Gemidos

Me sumerjo en los placeres de tu cuerpo:
¡Más exquisitos, embriagadores suaves de tus besos!
Mis manos te acarician como palomas en vuelo
Ay amor...
mi alma se rinde a tu alma
extasiada del sublime encuentro
Ay amor...
¿¡Cómo negarme al sutil encanto de tu voz
que me provoca mordiendo mi sien!?
Aguas calientes tu cuerpo y el mío
sumergidos en delirantes gemidos de pasión.

Te quiero así... mío

Te quiero así
mirándome
sonriendo
que me hables
con los ojos
que me acaricies
con el pensamiento
que corras
con los latidos
del corazón
a mis brazos
¡Quédate así mirándome!
Te quiero así
muy mío
así, así
mi amor
así mío...

Mis labios te queman

Mis labios
te muerden
te saborean
te provocan
encienden
la hoguera
de pasión
y la llama
 se consume
en los besos
rojos de mis labios
sedientos bebes
de ellos
que te queman

Lluvia de recuerdos

Estos días de lluvia
son cuando más te quiero
Me inundan los recuerdos
me arrastran las tormentas
de los deseos
que navegan por tu cuerpo
vertiente de pensamientos
zambullidos en mi sangre
que te absorve bebiendo
en un mar de pasiones
Estos días de lluvia:
¡son cuando más te extraño
cuando más te hago poemas!

Caballero de mis sueños

La noche llega
y con ella te espero
entras en mis sueños
 más deseados y hermosos encuentros
ven amor que la noche espero
y yo con ella
mi caballero en sueño
yo te quiero
ven... ven no tardes
que la flor
 quiere beber
 de tus besos

Tu nombre...

El viento hace ruido con tu nombre
la lluvia se anuncia preguntando de ti
y tu voz... tu dulce voz no me deja de repetir
cuánto me extraña si la lluvia cae
y no tienes mis brazos para dormir
Todo te nombra... todo te extraña
las mariposas se posan tristes sin tus miradas
y las palomas de tus manos me reclaman
en la distancia de tu boca y la mía
la fruta prohibida nos provoca.

Un día más... tus besos

Un día más
La mañana
asoma con la mirada del sol
un suave viento
hace danzar mis cabellos
besa mi cara como si fueran tus besos
sutil el recuerdo
 me abraza
un muro de cristal
me encierra, me sofoca
si no tengo tu mirada
perdida sin tu mano
que me acompañe
inmóvil sin tu cuerpo...

Lenguas de fuego

Anoche amor
entre tus brazos
me despojé
del deseo
más ardiente
que quemaba
tu cintura
suave cabalgar
en las yemas
de tus dedos
lenguas de fuego
como dragón
en llamaradas
ardió el lecho
negro pudor
de la noche
enlazaste
en tu manto
a estos amantes
de años
de frías soledades
aún juntos
pero distantes
pero anoche
ay amor, ay amor

anoche ardió el cielo

 para los dos...

Quererte, besos de miel

Cómo no quererte
Cómo no amarte
Cómo no sentirte
Cómo no perderme en tu mirada
sutil que me llama
Tus brazos el refugio más hermoso
adonde mi ser reposa
tranquila, orgullosa
Tus besos la miel más exquisita
que bebo de tus labios
El lecho se consume
de amor y pasión
locura y placer

Te extraño

Te extraño
te necesito
¡ven a salvarme
de esta tristeza
amiga que no me deja!
Quiero tus brazos
quiero tus besos
quiero tu voz
tus caricias
tus te quiero
¡Ay amor
 ven no tardes
que un mar
 de lágrimas
desbordan mis ojos!

Mi alma te siente

Como cada noche
vuelvo a los lugares
donde te siente
 mi alma
donde
el aroma
 del café
me envuelve
sutil me atrapa
me hace extrañarte más
Te quedas
 en los rincones
donde
la nostalgia
me sacude
me exprime
 el corazón
La soledad
muerde
mi costado
me quedo
en silencio
escuchando
tus lindas
 carcajadas

son
las
que
me
despiertan
cada mañana

Mi noche te nombra

La noche te nombra
desesperada
mis ojos
no dejan
de buscarte
en la inmensa
lejanía
bajo las estrellas
bajo esta luna compañera
no te besará
 mi boca
no me envolverán
 tus brazos
bajo el manto de pasión
se desvela mi alma
de amor

Tus besos... mi desayuno

El desayuno
perfecto son tus besos
tu cuerpo
el abrigo más suave
que siente mi piel
y yo... tu mujer
dueña de tu ser
melosa de amor
de pasión y locura
que me hace tanto bien
DORMIR CONTIGO
es un edén de placer
del que no quiero volver
Tus manos
como palomas inquietas
se saben mover
y tu voz... ay tu voz
es un suave canto
a mi alma enamorada
Ay amor... ay amor
mi complemento
mi único amo y dueño
en este bello universo

Empapados de placer

Amo la lluvia
porque es cuando te siento
penetrando la tierra fértil de mi ser
y tus manos crecen enredándose
por mi cuerpo húmedo sediento de ti
Amo la lluvia
sentirte tan cerca, tan mío
y yo tan entera solo para ti
Amo la lluvia
beber de tus labios
y tú de los míos
empapados de placer

Tu cuerpo... exquisito sentir

Qué exquisito sentir
que me lleva, me eleva
a un cielo de placer
donde los ojos son puros
y los sentimientos tan profundos
Ay amor, bendito amor
tan solo pensarte estremece mi cuerpo
mis mariposas, revolotean locas
me avisan que estás
¡Lluvias de deseos
mojan mi cuerpo
sediento de ti...!

Qué tienen tus ojos

Qué poder tienen tus ojos
que me atrapan
son el templo
donde rezan
mis antojos
Benditos ojos bellos
y los míos que te vieron
Llegó contigo
 la primavera
y el amor
 eterno
sublime
Tu mirada
 angelical
me envuelve
en una brisa
de amor
y paz...
tu mirada
mi
 calma

Te necesito

(a la memoria de la madre de una amiga)

Un mar
desborda mis ojos,
necesito que me abrazos
mi alma cae a pedazos
el dolor muerde mi costado
el mundo se me viene encima
y yo... necesito tus brazos
no te escucho nombrarme
tus labios duermen no me besan
tu mirada se ha perdido
en un profundo sueño
y yo... te abrazo
te beso... te hablo... te miro

Mariposas en mi alma

Desnudo mi alma
mis mariposas
vuelan en busca de tu amor
me traen la primavera de tu sonrisa
La caricia del sol
la brisa de tus besos
me coronan con tu nombre
me llaman *la reina del amor*
¡¡¡Vuelan contenta llenando de color
mis mariposas libres... libres son!!!

Tan solo unas letras de amor

En esta carta yo te escribo con mil letras del olvido

el amor que ahora siento que a tu cuerpo lo deseo

Las paredes que me encierran ya no puedo contra ellas

¡por favor ven conmigo, porque hoy te necesito!

Es una carta de amor, solo una carta

y te la escribo con mil letras de guitarra

es una carta, tan solo una

también te pido que la leas con ternura.

El trovador de las mentiras

Yo el Trovador de las mentiras
Yo el Galán sensual de hipocresía
Yo Conquistador de los engaños
estoy rendido aquí a tus pies
estoy llorando.
Sin imaginar que fue una trampa
caí ante tus besos
no lo esperaba
quizás la telaraña del destino
me puso a prueba con tu amor
estoy vencido

Amor de adolescente

(Un hombre para una mujer)

Mis labios con el fuego de los tuyos se quemarán

y la figura de los cuerpos se juntarán

¡Vivamos hoy este momento

no esperes más!

No pienses en las miradas de niña si sos mujer

mira la luna está celosa, quiero tu piel

ya no perdamos más el tiempo y amémonos

Pétalos de amor

Espero
la primavera
de tus besos
deshoja los pétalos
de tus labios
sobre mí
vísteme de rosas
de exquisitos aromas
cúbreme con tus caricias
recítame tus versos apasionados
¡que florezca el amor!

Mi alma

El día está gris
espío desde mi alma
se siente frío vacío
una tremenda soledad aqueja
un corazón acurrucado
en el hueco de mi mano
te escribo te hablo te grito.
...pero estás como ausente
nada.. nada me dice
 adentro hace mucho frío
no alcanzo tus brazos
por más que me aferre
el viento me sacude.. me tira
se me va de las manos
la lluvia amenaza por el borde de mis ojos
los nubarrones me borran tu mirada
las tinieblas con su manto
cubren esta soledad.
......se aferra más y más...
ven.... ven a salvarme
que por fin vea tu mirada
bordada con mis mariposas
locas enamoradas
que no me dejen... que no me dejen
sin tu mirada

sin tus carcajadas

que me devuelven a la vida

donde allí estás....

Nos sabemos

Sabes de mí
como yo de ti
de los amores locos
de la frescura de la rosa
cual te provoca
con su ardiente sed
Sabes de mí
como yo de ti
que la luz
más intensa
la tienen
tus ojos
Sabes de mí
como yo de ti
que mis mariposas
me cuentan de ti
si me extrañas
te hablan de mí
si lloro
sabes de mí
como yo de ti ...

Te busco en la lluvia

Llueve en la ciudad
camino las calles húmedas
bañadas de los recuerdos
pasea mi mirada buscando
un rostro amigo
que me acompañe
en esta mañana
donde el aroma de café me llama
amo estos día
donde llueve
mi memoria salpicando charcos
de pedacitos de cielos
donde todo me lleva a sentirte
donde todo se acomoda
es ahí cuando
te cobijo en el hueco de mi mano
es cuando ...
te hago poema .

A la memoria de Gustavo Cerati

Duermo en mis brazos tranquilos
como un ángel dormido
me refugio en el silencio
en la paz eterna de mi corazón
embriagado de sueños que me llevan
en alas de duelos
de cantos eternos
libres de tanto sueño
pero ... ya no despierto.

Recuerdos... me acompañan

Mi mirada
divaga en la inmensa tristeza
de la espera, del encuentro
que jamás llega
Mi alma siente el frío del cristal
que atraviesa mis ojos perdidos
extraviados buscando los tuyos
cada día a la misma hora
en el mismo lugar
queriendo verte
Solo tus recuerdos
me has dejado
solo ellos me acompañan...

Verde de amor

Brota la esperanza
florece el amor
el canto de los pájaros
una alabanza a Dios
miro lo verde...
inmensidad divina
aroma de fresco dulzor
resplandor del cielo
la primavera crece
en mi corazón
donde cada pétalo
se abre en flor
mis mariposas
se posan
en las manos amigas
siempre extendidas
ángeles me rodean
siempre cuidando
ayudándome iluminándome
con su luz.

Tren... recuerdos

Te extraño amor
desde aquel día
no consigo
distraer mi mente
todo me lleva a ti
cada lugar es nuestro
donde miro allí estás
y me quedo mirando
a un tren de recuerdos
que divaga por mi mente

Café... aroma de mañana

La mañana está fría
mi café respira
por la ventana
me preparo
para salir
me pinto
los labios
me pongo el tapado
mis ojos recorren
la casa
el café se ha enfriado
se queda mirándome
desde la ventana
cierro la puerta
salgo a la calle
donde mis ojos
creen verte
entre las gentes
cruzándose de prisa
yo sigo caminando
creo alcanzarte
pero un viento
frío me cachetea
y me hace mirar
para otro lado

quedo como
la tasa de café
mirando
a lo lejos
fría perdiga
sin tu mirada

Me tumba la tristeza

Te extraño
me tumba
la tristeza
la noche
desespera
me ahogo
de penas
me exilio
en los recuerdos
la nostalgia
te nombra
desde adentro
y yo espero
que vengas
a salvarme
que me tomes
de la mano
y me levantes
de donde me he quedado
esperándote.

Pedaleando mis sueños

Alma que andas lenta
una joroba de sueños
una ciudad desierta
mi amiga una bicicleta
la compañera de idas y vueltas
caminos secos de tierras
otros humedecidos asfaltos
nieblas en los espejos
de mi cara
el arcoíris de tu sonrisa
se ha perdido
hace tiempo
muy lejos de mis calles
me he quedado
en los otoños
en los inviernos
en las primaveras
envuelto de tu perfume
recordando
nuestros veranos
y así seguiré hasta el final
del camino
amándote

Noche... hermosa... volcán

La noche
se vistió
de tu piel
hermosa y fría
se abrazó
al volcán
de mi ser
la destilé
de ternura
la cobijé
en el fondo
de mi alma
que se cubra
de mil colores
de destellos
de las estrellas
de tus dedos
ráfaga de deseos
encontrados
de tu piel
y mi piel
entrelazados
de amor
y placer
la noche

se encendió
para los dos

Soy poema

Soy poema
que se extiende
más allá del sol
soy
un
toque
soy la brisa
que
acaricia
tu cara
soy
manantial
de
tu
boca
soy
la
canción
que alegra
tu alma
soy
lo
que
quieres
soy

tu
milagro

Concierto de ti

Ay amor
Anoche
un
Saxofón
Mordía
mis oídos
nombrándote
un bandoneón
acariciando
mi corazón
me invitó
 a bailar
un tango
con vos
bajo
un farol
de
Buenos Aires
un piano
donde danzaban
tus manos
buscándome
una
voz
de

un

poeta

que hacía ecos

en el cielo

donde

Dios

lo

bendecía

A la memoria de mi abuelo

Mi abuelo
Ramón Rosa Sánchez
Era mi abuelo
Hombre fuerte como el quebracho
_andaba al galope
con su galope manso_
pelo blanco ceniza de los años pasados
lo llamaban tirano
será por su apariencia nomás
siempre a caballo y látigo en mano
era todo bondad
un gran señor de puro corazón
me decía:_venga mija sáqueme las canas
cuando solía acostarse en las siestas
yo le decía:_abuelo se va a quedar pelado
si todas son blancas

Te miro

Besos tus labios con mis ojos,

Mis ojos mi boca silenciosa te nombra,

Mis mariposas te revolotean locas

Quieren posarse en tus manos

Te desean quieren tenerte en esta noche bella

Las estrellas cómplices te esperan

Y la luna nos extraña,

Te encuentro en mis ojos

Donde fecunda el amor…

Siete lunas

Vaciaste la cuna de mi vientre
Feliz por un breve momento me sentí
Luego el dolor, el sufrimiento
La tormenta el llanto.
Mi alma sin consuelo
El bello cielo azul se tornó gris
Triste mi corazón sin ganas de vivir
Te faltaron lunas por crecer
Tu vida fue como las mariposas
Tienen luz un día y mil de oscuridad
Siempre tendrás las rosas rojas de mi corazón…
Perfumando el aire que te faltó.

Tu voz

Tu voz… tu dulce voz
me atrapa, me envuelve.
Tu voz… tu dulce voz.
desnuda libera mi alma
Tu voz… tu dulce voz
acaricia lo más íntimo de mis palabras
 Tu voz… tu dulce voz.
apasionada me lleva.

Mi boca

El dulce camino de tus besos,

Donde te paseas celoso dueño de ellos…

Mi boca el templo donde rezas.

Tus más ardientes deseos.

Mi boca la piel que desnudas con tus besos

Húmedos sedientos,

Mi boca, que te evoca celosa

 Donde te espero,

Donde te quiero.

Mi boca la que te nombra

La que te hace mi amo,

La que te hace mi esclavo…

Mi boca la que te nombra y ahí te quedas…

La muerte...

La dama del alba
Se hizo presente,
Sentiste su mano fría sabías que vendría
Pero no dijiste nada.
La dama del alba no tiene sentimientos
No tiene corazón...
Solo obedece no sabe del amor.

Recuerdo de mi infancia

Mi niñez de colores entretejidos
En un telar de ilusiones
De verdes campos Amarillos de soles
Anaranjados de atardeceres
Azules de cielos, Violetas de sueños…
Bajo un tala en una represa de aguas cálidas,
Chapuzones y sonrisas de niños,
Siestas calurosas de Santiago.
Largos caminos de tierra
Y casa alejadas…Tardes de tejos y saltos de cuerdas
Formaban arcoíris alrededor nuestro
Un campo de algarrobos mistoles y tunales
Animales sueltos.
Golondrinas viajando a otros cielos.
Bajo la galería de la casa grande
Tomaban mates mis abuelos
Nosotros un rico mate cocido con poleo
Pan calentito que mi abuela amasaba
En una batea de algarrobo por amor a sus nietos.
Aromas de campos húmedos
De chaparrones burlones, vientos pícaros
Se llevaban los sombreros, añoranzas de Santiago
¡Qué tiempos aquellos!

Despertar

Me encanta que rías, verte feliz.

Es un bálsamo a mi alma

Que despierten tus mariposas

 Me encanta

Cuando despiertas y dices que me amas

Con dulce besos de cañas

Que endulzas el café por la mañana

Me encanta

 Peinarte con mi dedo

Acariciar tu rostro y darte un beso

Me encanta

 que tus brazos me protejan

Del invierno y no sienta frío mi cuerpo

Me encanta

Que nos pase todo esto…

Mi musa

Mi musa se hizo tuya
Se liberó de mí
Se cautivó de ti
Quedó preñada
De todo sentir
Húmeda en tu mano
Se ha bañado de placer
Y satisfecha se cubrió con tus besos
Que glorioso las has coronado
Con gemido de libertad
Parirá tus hijos
En bello éxtasis
Nacerán de nuevo en cada amanecer
Pulcro con tus años
Sabrás complacerla
Amarla,
Cuidarla
Hacerla tuya
Una y mil veces más,
Tú musa…

Fumándote... mi soledad

Te recuerdo así mirándome
fumando tu último cigarrillo
diciendo cómo me duele
cómo voy a hacer con esta soledad
que se aferra a mi traje enlutado
a este cuerpo frío sin el calor de tu sangre
ardiendo como dos brazas
sin tus caricias
dime mi amor
dime....
qué hago
yo…

Laberinto de amor

Camino en laberintos

de recuerdos que me hacen bien

tirando de los hilos de la marioneta de la vida

cuando aflojan

allí estás con tu sonrisa

calma cualquier lamento

y todo se torna bello

mi corazón se calma

cuando te pienso

si la tormenta me nace y pones fin al sufrimiento

El cielo... testigo

Tu mirada me seducía

en tus brazos me dormía

tus besos eran el polen de tal dulce miel...

tus palabras eran música

a mi alma apasionada

tu piel era mi abrigo

en las noches frías y solitarias

embriagados de pasión nuestros cuerpos se entregaban

al deseo y al amor

que nos tocaban

un cielo abierto fue testigo de todo esto

fue la locura

algo soñado

para nosotros el paraíso

para otros el pecado

Grito en silencio

Hoy he vuelto a gritar tu nombre en el silencio
y la nostalgia se hizo sentir
el frío me alcanzó
queriendo el abrigo de tus brazos
grito tu nombre mordiendo mis labios
sangrando este dolor de no tenerte

Mística fragancia

Yo quisiera salvar esta distancia
ese abismo fatal que nos divide
y embriagarme de amor
con la fragancia
mística y pura
que tu ser despide
yo quisiera caminar
y cruzar ese puente
con las mariposas que me acompañan
en este sueño
que anhelo, que deseo
arrojarme a tus brazos
y jamás dejarte

Solo tú

Me cuelgo de las palabras
me invento un cuento de hadas
donde mi sueño eres tú
solo tú
y nadie más que tú...

Por este hombre

Por este hombre yo recorrí todos los caminos
me volví loca grité bien desde adentro
Por este hombre de tranquilos gestos creí que Dios no existía
Por este hombre que me arrojó a la tristeza por el vicio que no lo
deja
Por este hombre que no entiende el motivo de mis llantos
Por este hombre que se escapa y no da explicaciones
se encierra en su mundo y se aleja de mi triste realidad
Por este hombre he pasado noches llorando maquinando venganza al
mirarlo dormir
como si de mí nada me interesaba
Por este hombre que prendió una hoguera en mi sangre, aprendí a
castigar
diciéndole que no y sentí la soledad, la rabia, la rutina de ahogarme
en los celos, en la desconfianza
y el miedo a los reproches .
Por este hombre conocí la oscuridad y sentí asfixia
Por este hombre no me quedé quieta lo intenté todo.

Recuerda que te amo

Si mañana me voy
de este mundo
recuerda que feliz la pasamos
que el sol brilló para los dos
que la lluvia nos empapó
haciendo recorridos en bicicleta
que nuestras manos
entrelazadas
tanto trasmitían
nuestro labios sonreían
frescura de helados
noches enteras hablando
calle de gente saludando
canciones de amor
todas para mí
recuerda amor
si me voy mañana
de este mundo
que yo te Amo!!!

Llamarada de amor

Me envuelves
en tus llamas
dragones furiosos
me devoran
con tus besos
llamas de caricias
me consumen
arden por mi cuerpo
gritando de deseo
que sacies con tu miel
tanto fuego
el volcán de tu ser
ardiendo pegado al mío
y así lo quiero...

Mi madre... mi ángel

Todas las tardes
me gustaba leer para mi madre
ella gentil me escuchaba
su mirada me llenaba de ternura y de amor
acariciaba mi alma sutil mágica
me sentía amparada en su regazo
mi ángel toda una bella dama
despertaban mis mariposas de sueños
feliz cada día volaban ilusionadas

Tango

Tango…
Una voz
 y bandoneón
que me llevan
 a tus brazos
Tu mirada
el embrujo
de mi alma
Tango…
que te siento
 florecer
en mis entrañas
A rojo vivo
el corazón
y el volcán
de tus labios
abrigando mi piel
Tango…
que apasionas
que provocas
el milagro
de mi ser
rendirse
 a tus pies

Sentir

Sentir tu voz nombrándome
sentir tus ojos buscándome
sentir tus manos acariciándome
sentir tu boca junto a la mía
sentir bebiendo juntos la poesía
sentir que las palabras no hacen falta
sentir que ya estás dentro mío
sentir que hasta el aire son tus suspiros
sentir... sentir que eres mío

Sed de ti

Mi alma
se escapa cada noche
en pensamientos sublimes
que me llevan a ti
la oscuridad se ilumina
cuando llego a tus ojos
mi sed se calma cuando llego a tu boca
mis manos atrapan
las mariposas de tus manos

Llovizna de amor

Miro por mi ventana
una llovizna no me deja ver tus ojos
entonces el cielo
se hace mar
y los peces
me devoran
si no estás

Ángel de amor

El brillo de tus ojos
me cautivó
tu plena sonrisa
tocó mi corazón
todo un ángel
tu suave voz
gran poeta
un toque de Dios....

Me devora la noche

Te pienso
te extraño
mis ojos
en desvelos infinitos
por encontrarte
dime en qué rincón
del olvido me has dejado
cómo puedes
así jugar conmigo
si todo era risa
y ahora es todo olvido
dime
cómo hago
con este mundo escrito
si ya nada percibo
de ti
sobre mis hombros
cae la noche
y me devora
con su fría mano
los pensamientos
más dulces y tiernos
que tenía contigo

El silencio... el rey

Libros sin leer

un celular apagado

un mate vacío

el silencio

es el rey

del momento

lágrimas

lavan

un piso

donde

se refleja

el alma

de un ser

sensible

que se

sumisa

en el

hueco

de la

mano

Recuérdame

Recuérdame
cuando
el frío
y la distancia
nos separe
de nuestra
 cama
y las sábanas
caigan
como
hojas
de otoño
de tanta
ausencia
recuérdame
 perdiéndome
en tus ojos
jugando con
tus manos
bebiendo
de mi boca

Cuando mi corazón sienta

Espero

Me encierro

No quiero

Ver

El sol

Sino

Tengo

Tu

Mirada

Abriré

Las

Ventanas

Cuando

Escuche

Tu voz

Cuando

Mi corazón

Sientas

Que estás

Llegando

Acelerando

Mis latidos

Y mis mariposas

Me lleven

A tu mirada

Y volveré
A reír

Noche de amor

Afuera

Está

Lloviendo

Tú

Y

Yo

En

Hogueras

De sueños

De

Pasión

Queriendo

Dueños del deseo

Más fugaz

Devorándonos

Como lobos hambrientos

Y no acaba

Este sentimiento

Pasiones

De amantes

Por

Tiempos

Se han posados

Las viñas

Donde

Bebes

De mi ser

Hasta

Más

No poder

Jinetes

En las

Noches

Más

Asombrosas

Cabalgando

En gemidos

Extasiados…

Mírame

Mis ojos
te lo dicen
todo
amor
solo mírame
y sabrás
lo que siente mi corazón
me gusta así
sin palabras
escúchame
en el silencio
de tu alma
si se aceleran
tus latidos
sabrás que
me tienes…

Sin testigo

La luna
se ha
puesto
roja
al vernos
envueltos
en pasiones
ardientes
y Dios
se escondió
dejándonos
solos
ser
tú y yo

Gozo y placer

La madrugada
nos encontraba
pegados
de sueños
en un danzar
armonioso
de gozo y placer
consumidos
de los volcanes
fundiéndonos
la piel

La carta

Esta mañana

Me senté

Al borde del gran ventanal

Donde el sol

Me abriga

De esta

Fría

Soledad

Que no puedo comprender

Mis libros acomodados así nomás

Una taza de café

Esperando

Ser bebida

Y en mis manos

La carta

Que me has dejado

Que no termino

Jamás de leer

Los libros callados

El café se ha helado

Y yo sigo leyendo

No comprendo

Porqué te has marchado

Si hasta ayer

Me jurabas

Amor

Eterno

Toda una vida

Triste

Alma

Mía

Cansada

De llevar

Arrastrando

Esta soledad

Que me agobia

No me quiere dejar

Se va aferrando

Más y más

Pesan mis

Piernas

En esta

Lluvia fría

Y el invierno

Se hace crudo

En mis ojos

Que apenas

Miran parecen

Pájaros tristes

Sin vuelos

Sin donde poner

La mirada

En algún sueño

Que de vida

Que de color

Tengo

 Las manos

Vacías

A nadie

Acarician

Un corazón que

Apenas late

Y estas calles

Que piso

De memoria

Un ir y venir

Toda una vida

Nada tiene color

Solo el negro

Luto de mis días

Saber que no es un sueño

Pienso

Estoy atrapado

En tu recuerdo

Te traigo hasta mis brazos

Te beso

Y bebo

Sorbo a sorbo

Hasta

Agotarme

Y saciarme

De ti

Pero no es suficiente

Tan solo pensarte

Te quiero en mi realidad

Quiero un mundo contigo

Donde se escuchen

Las carcajadas

De la felicidad

El grito del amor

La fe de nuestras

Miradas

Los colores

Del Arcoíris

En nuestro

Andar

No puedo

Vivir

Solo

De

Recuerdo

Te quiero

Mujer

Amada

Entre

Mis

Brazos

Quiero

Morderte

Que

Grites

Y saber

Que

No

Es

Solo

Sueño…

El día está gris

El día está gris
Te escribo
Los poemas
Más dulces
Y tiernos
Que acompañen
Tus momentos
Un café
Que aroma
El día
Una canción
Que habla
De amor
Una cama fría
La que abrigo
Con los recuerdos
Que trae mi memoria
El otoño
Es primavera
En tus manos
El invierno
Es verano en tus brazos

Ven

Ven dame esos besos que
tienes guardados todos para mí
Ven sacude mi alma que
 reaccione ante tu mirada
 Ven a cubrirme con tus brazos
 cual abrigo delicado y que ya
no sienta el frío de esta
distancia que nos separa de
cuerpo no de alma...
ay... ven... ven mi bien amado
 cuánto te extraño
los días y las noches son
interminables sin tus miradas
sin los besos sin tus te amo ...
                ay ... amor ... ven

Mi niña

Mi niña
mis mariposas
mis hadas
juegan conmigo
destellos divinos me rodean
agua viva de manantiales
pura fresca sacian la sed divina que hay en mí
coronada de melodías sublimes angelicales
mi alma se enamora
la brisa me acaricia
las musas inspiradoras
juegan a la ronda
me toman de la mano
y allí se quedan
bailan, cantan, y escriben
mi niña...
mi niña... no está sola

INDICE

www.ingramcontent.com/pod-product-compliance
Lightning Source LLC
LaVergne TN
LVHW021610080426
835510LV00019B/2501